N잡러를 위한
여러 가지 부업 1.0

N잡러를 위한 여러 가지 부업 1.0

발 행 | 2023년 02월 27일

저 자 | 권민석

펴낸이 | 한건희

펴낸곳 | 주식회사 부크크

출판사등록 | 2014.07.15.(제2014-16호)

주 소 | 서울특별시 금천구 가산디지털1로 119 SK트윈타워 A동 305호

전 화 | 1670-8316

이메일 | info@bookk.co.kr

ISBN | 979-11-410-1790-3

N잡러를 위한
여러 가지 부업 1.0

[머리말]

 요즘 세상에 부업은 선택이 아닌 필수가 되어가고 있다. 본업만으로 수입을 충족하기에는 물가상승률이 크고, 소비시장은 다양해져 가구당 지출은 증가했기 때문이다. 또한 수입을 늘리려는 목적이 단순히 의식주나 여가생활을 위한 것이 아니라, 투자나 저축 목적을 가지는 경우도 더 많아졌다. 그래서 최근에는 고수입을 벌고 있는 사업자나 고소득 월급쟁이 외에는 부업전선에 뛰어 들고 있는 현상이 이상할거 없는 광경이 되었다.

 그런 의미에서 이 책은 부업에 대해 간략히 소개하고자 한다. '간략히'라는 수식어를 쓴 이유는 이 책은 완벽 가이드북이라기보다는 세상에는 돈버는 방법이 이렇게 다양하다는 것을 알려드리고 싶은 의미이다.

 버전 1.0이라는 명칭에서 알 수 있듯이 이 책은 부업에 대해 도전하고자 하는 이에게

첫 걸음이 되는 지식을 전달하는데 목적이 있다.

부디 이 책을 통하여 세상의 여러 가지 부업에 대해 알아보고 본인이 도전해 볼만한 부업이 무엇이 있는지를 터득하여 적용하여 보자.

책 틈틈이 실려 있는 수입시트지는 부업으로 수입을 늘리고자 하는 여러분에게 추진력을 선물해 줄 것이다.

이 책을 읽은 여러분의 삶이 경제적으로 좀 더 나아지길 희망한다.

자택에서 권민석

[가이드]

이 책에 대한 부업의 정보는 수시로 변동될 수 있기 때문에 이 책을 읽고 있는 시점에는 실제와 다를 수 있음을 염두에 두어야 한다. 부업에 대한 백과사전이라는 칭호보다는 대한민국에는 '이러저러한 일거리들이 있다.' 정도로 해석하는 것이 더 바람직하다. 즉 세상에는 돈 버는 방법이 여러 가지가 있음을 알리고 싶었으며, 그러한 부업에 대한 소개가 이 책의 주요 목적임을 밝힌다.

나아가 이 책은 1.0 버전으로 추후 2.0, 3.0을 계속적으로 출시할 예정이며 부업전선에 뛰어드는 여러분에게 더 많은 도움이 되고자 하니, 앞으로 많은 응원을 바란다. 필자 역시 여러분의 성공을 진심으로 빈다.

[일러두기]

1. 책을 읽다가 자칫 지루해질 수 있는 독자를 위해 중간에 재미있는 유머 글도 실었으니 참조바란다.

2. 부록으로 있는 수입시트지는 본인의 부업 개수를 늘리면서 부업수입을 관리하는데 창의적으로(각자 입맛에 맞게) 활용 바란다.

3. 명언모음과 메모장은 이 책 한권을 휴대하여 들고 다니면서 필요에 맞게 활용 바란다.

4. 부업에 도전 하며 이 책을 연습장처럼 쓰고, 여백에 틈틈이 메모도 하자. 우리의 목표는 책을 다 읽는 것이 아니라, 수입의 증대임을 명심하자.

[목차]

강한자가 살아남는 것이 아니라, 살아남는
자가 강한 것이다. - 김유신 장군

여러 가지 부업

1. 수시근로 수익

수시근로 수익은 본업 외에 근로활동으로 수입을 올리는 경우를 말한다. 우리가 흔히 얘기하는 투잡은 상시근로 수익이라 불리는 반면 수시근로는 말 그대로 수시로 근로를 하는 '단발성 일용직'을 뜻한다. 다시 말해 우리가 인력사무소를 통해 일을 하고 싶은 날만 일을 하는 경우는 모두 수시근로라고 봐야한다. 수시근로의 종류는 다음과 같은 경우가 있다.

1. 인력사무소를 통해 수시로 근로하는 경우
2. 예전에 일했었던 곳에서 갑자기 하루 대타를 요청하는 경우
3. 하루만 일하는 것도 가능한 일자리에 지원해서 일하는 경우(쿠팡, 택배상하차 등)

수시근로 수익표

수시 근로	설명	기대수익	현재수익	비고
1				
2				
3				
4				
5				
6				
7				
8				
9				
10				

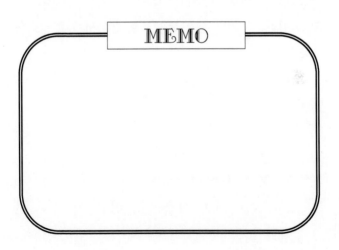

MEMO

2. 재택부업 수익

　재택부업 수익은 부업 중에서 집에서 수익을 올리는 활동을 말한다. 재택부업의 종류에는 여러 가지가 있는데, 특히 요즘에는 컴퓨터나 핸드폰을 활용하는 재택부업이 늘어나고 있다.

　그래서 예전에 유행했던 인형 눈 붙이기나, 작은 공장에서 소일거리를 가져와서 공정과정을 집에서 진행한다던가 하는 식의 재택부업은 많이 줄어들고 있고 선호를 하지 않는 추세이다.

　요즘 주로 많이 하는 재택부업의 예는 다음과 같다.

1. PC 활용하여 돈 벌기
2. 핸드폰 활용하여 돈 벌기
3. 소품, 아이디어 상품 만들어 팔기

재택부업 수익표

수시 근로	설명	기대수익	현재수익	비고
1				
2				
3				
4				
5				
6				
7				
8				
9				
10				

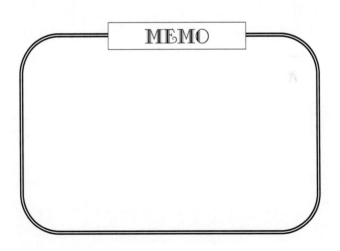

MEMO

3. 수시부업 수익

수시부업은 부업 중에서 단발성 혹은 비정기적으로 수입을 벌어들이는 것을 말한다. 여기까지는 수시근로와 비슷한데 차이점은 수시부업은 수시근로에 비해 직접 몸으로 일하는 근로의 성격이 약하다는 것이다.

지금까지 얘기한 수시근로, 재택부업, 수시부업 등의 수입만 잘 구축한다 해도 본업외에 제법 괜찮은 수익구조를 달성할 수 있다. 어떻게보면 고전적인 방법일 수 있는데, 1, 2, 3번 수익을 잘 쌓아놓으면 추가수익을 올릴 수 있는 발판을 마련할 수 있을 것이다.

수시부업의 종류는 다음과 같다.
1. 이벤트 응모
2. 공모전 응모
3. 온라인으로 간단한 요청(심부름) 들어주기

수시부업 수익표

수시 근로	설명	기대수익	현재수익	비고
1				
2				
3				
4				
5				
6				
7				
8				
9				
10				

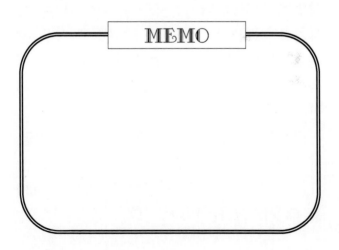

MEMO

4. 사업수익

사업수익은 사업 활동을 통해 얻는 수익을 말한다. 월급을 받으며 직장에 다니고 있는 직장인들은 퇴근 후에 할 수 있는 사업을 꿈꾸게 된다. 어떻게 보면 사업은 직장인에겐 투잡 중에 하나이기도 하다.

사업을 선택을 할 때는 사업의 수익성과 전망성을 분석하는 일도 중요하지만 과연 이 사업이 직장을 다니면서도 운영을 할 수 있는가를 살펴보는 것도 중요하다. 직장을 계속 다닐 생각이라면 사업과 직장생활의 병행을 지속할 수 있는 사업인지를 따져보아야 한다.

직장을 다니면서 사업수익을 달성하려면, 사업구축에 돈과 시간이 적게 드는 것이 중요하다. 비록 수익성이 떨어지더라도 실패했을 때 리스크가 적어야 한다.

사업수익 수익표

수시 근로	설명	기대수익	현재수익	비고
1				
2				
3				
4				
5				
6				
7				
8				
9				
10				

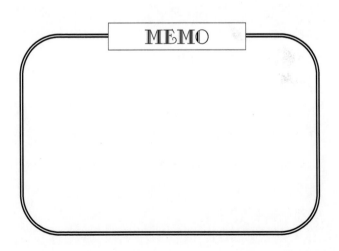

MEMO

5. 중고물품거래

중고물품거래는 중고물품을 판매하여 얻는 수익을 말한다. 중고물품거래방법도 여러 가지가 있다. 지금은 당근마켓이 가장 유명한 중고물품거래 플랫폼이다.

어떻게 보면 중고물품거래로 돈을 버는 일은 번거로운 일일수도 있다. 하지만 중고물품거래를 하면할수록 판매패턴이 유사하여 나중에는 번거롭기 보다는 일상생활처럼 해나갈 수 있다. 그리고 하다보면 재미있어지기도 한다. 중고물품거래를 하면서 다양한 사람을 만날 수도 있기 때문이다.

그리고 중고물품거래를 통해 필요 없는 물건을 처분하면서 집정리도 병행할 수 있다.

요즘 대세인 중고물품거래 플랫폼은 당근마켓, 중고나라, 번개마켓, 헬로우마켓, 옥션마켓 등이 있다.

중고물품거래 수익표

수시 근로	설명	기대수익	현재수익	비고
1				
2				
3				
4				
5				
6				
7				
8				
9				
10				

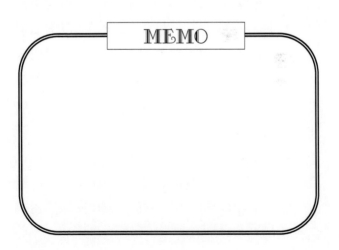

MEMO

6. 제휴마케팅

제휴마케팅은 직접마케팅과는 상반되는 개념으로 제휴업체를 통해 간접적으로 홍보를 하여 얻는 수익을 말한다. 주로 SNS를 통한 홍보방법으로 수입을 올리게 된다.

대표적으로 쿠팡이 제휴마케팅 서비스를 제공한다. 쿠팡의 제휴마케팅은 쿠팡파트너스라는 명칭으로 운영되고 있다. 쿠팡파트너스는 쿠팡회원이면 쉽게 파트너스 회원으로의 가입을 진행할 수 있다. 그리고 쿠팡회원이 아니더라도 쿠팡파트너스의 회원 가입절차는 어렵지 않다. 결국 관건은 운영을 시작하여 수익을 얼마나 낼 수 있느냐 인데, 이때 필요한 것이 홍보 기술이다. 홍보는 SNS를 통한 홍보가 대세인데, SNS를 기존에 하고 있는 분들은 상대적으로 유리한 것이 사실이다. 쿠팡파트너스 외에는 네이버의 스마트스토어가 유명하다.

제휴마케팅 수익표

수시 근로	설명	기대수익	현재수익	비고
1				
2				
3				
4				
5				
6				
7				
8				
9				
10				

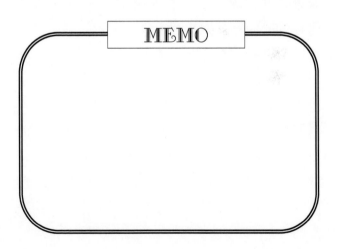

MEMO

7. 금융수익

금융수익은 은행 등의 금융기관을 통해 얻는 수익을 말한다. 주로 이자 수익을 의미한다.

이자 수익을 더 올리려면 금융권마다 이율이 다른데 이율을 비교분석해서 높은 이율의 금융상품을 픽하는 것이 중요하다.

그리고 일반적으로 예금통장보다는 자유적금통장이 이율이 높고, 자유적금보다는 정기적금 통장이 이율이 높다.

하지만 정기적금의 경우 일정기간 돈이 묶인다는 단점이 있기 때문에 현금자산의 유동성이 떨어지게 된다. 결국 급하게 돈을 자주 인출한 경험이 있는 분들이라면 정기적금보다는 다소 금리가 떨어지더라도 자유적금이나 파킹통장을 이용하는 것이 유리할 수 있다.

금융수익 수익표

수시근로	설명	기대수익	현재수익	비고
1				
2				
3				
4				
5				
6				
7				
8				
9				
10				

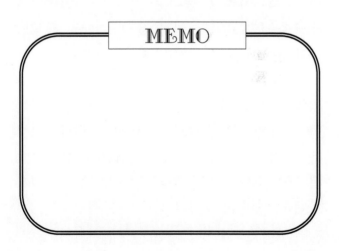

MEMO

8. 투자수익

투자수익은 기존에 갖고 있는 자금으로 투자를 통해 수익을 얻는 것을 말한다.

그러므로 사람들은 투자수익은 이미 어느 정도 돈을 가지고 있어야 된다고 생각을 하게 된다.

하지만 요즘은 투자라는 것도 소액으로 운영할 수 있는 투자수단이 많아지고 있다. 흔히 소액투자라고 불리는 것이 그것인데, 리스크를 줄이고 부수익을 올리고 싶은 직장인에게는 최선의 선택이라 할 수 있다.

소액투자의 단점은 투자자금이 적어서 수익의 크기도 떨어질 수 있다는 점이다. 하지만 투자분석을 잘 하고 진입하면 투자수익률은 높아질 수 있으므로, 여러분의 부업으로 적합할 수도 있다. 물론 신중한 투자분석은 선택이 아닌 필수이다.

투자수익 수익표

수시 근로	설명	기대수익	현재수익	비고
1				
2				
3				
4				
5				
6				
7				
8				
9				
10				

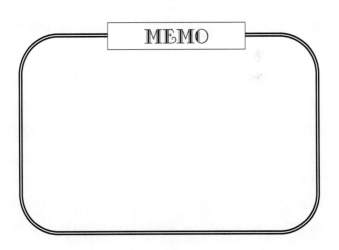

MEMO

9. 배팅수익

배팅수익은 배팅활동을 통해 얻는 수익을 말한다. 여기서 배팅은 스포츠 경기에 돈을 거는 행위를 말한다. 대표적인 배팅수익의 종류로는 프로토, 토토, 경마, 소싸움 등이 있다.

한 가지 주의사항은 국가에서 지정한 공식 배팅활동 외에는 하지 말아야 한다. 왜냐하면 수많은 불법배팅업체들이 난무하고 있기 때문이다. 법으로 단속을 하여도 기생충처럼 다시 나타난다.

그리고 국가에서 인정한 공식 배팅에도 내부규정이 존재한다. 1인당 최대 구매금액이 정해져 있으며, 당첨 시에 발생하는 세금도 공시되어 있다. 배팅수익의 장점은 스포츠의 재미도 느끼면서 돈도 벌 수 있다는 점이다. 하지만 과도한 배팅 중독은 위험할 수 있으므로, 스스로 관리를 잘 하여야 한다.

배팅수익 수익표

수시근로	설명	기대수익	현재수익	비고
1				
2				
3				
4				
5				
6				
7				
8				
9				
10				

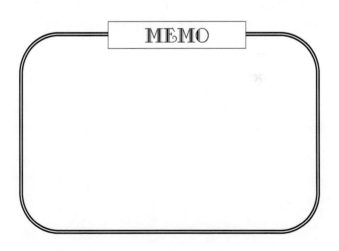

MEMO

10. 설문조사 수익

설문조사 수익은 설문조사에 참여하면 돈을 주는 기관을 통해 설문조사에 참여하여 얻는 수익을 말한다.

설문조사에 걸리는 시간은 설문마다 다르지만 보통 건당 10~30분 정도 소요된다.

설문조사에 걸리는 시간은 같은 설문조사지라도 사람마다 다르다.

설문조사 수익의 장점은 무언가 다른 일을 하면서도 할 수 있다는 점이다. 특히 생각을 많이 요하지 않는 설문조사는 본인이 좋아하는 드라마나 연예프로그램을 보면서 가볍게 수행하며 돈을 벌수도 있다. 설문조사 수익은 시간당으로 따지면 최저시급보다 떨어질 수 있는데, 다른 일을 하면서도 집에서 편하게 할 수 있다는 장점때문에 부업으로 메리트가 높다.

설문조사 수익 수익표

수시 근로	설명	기대수익	현재수익	비고
1				
2				
3				
4				
5				
6				
7				
8				
9				
10				

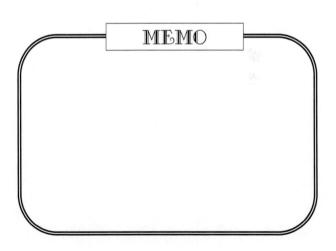

MEMO

쉬어가는 페이지 - 유머 1

한 아가씨가 경치 좋은 시골 마을을 여행하고 있었다.

호숫가 통나무집 앞에서 흔들의자에 앉아 쉬고 있는 한 노인이 보였다.

아가씨가 노인에게 다가가 물었다.

표정이 참 행복해 보이네요. 행복하게 장수하는 비결이 뭔가요?"

노인이 황당하다는 표정으로 아가씨를 보더니 말했다.

"나는 하루에 담배 3갑을 피우고,

1주일에 위스키 한 상자를 마시며,

기름진 음식을 즐겨 먹고, 운동은 전혀 안하죠."

깜짝 놀란 아가씨가 물었다.

"정말 대단하시네요. 실례지만 연세가 어떻게 되시죠?"

노인이 퉁명스럽게 대답했다.

"스물여섯이오."

쉬어가는 페이지 - 유머 2

한 문방구에 토끼 한 마리가 찾아왔다.
"아저씨, 당근 있어요?"
"아니, 우리는 문방구라서 당근은 안 팔아."
다음날 그 토끼는 또 왔다.
"아저씨, 당근 있어요? "
"우리는 문방구라서 당근은 안 판다니까!"
그런데 또 다음날에 다시 와서 물었다.
"아저씨, 당근 있어요?"
"너 한번만 더 오면 가위로 귀 다 짤라 버린다!"
다음날 또 다시 토끼가 찾아왔다.
"아저씨 가위 있어요?"
'음? 웬일로'"아... 아니...오늘은 다 팔렸는데...?"
"그럼, 당근 주세요."

11. 복권 당첨금 수익

복권 당첨금 수익은 복권당첨을 통해 얻는 수익을 말한다.

복권의 종류는 여러 가지가 있다. 그 중 대표적인 것이 로또이다. 그 외에 연금복권과 즉석복권 등이 있다.

로또는 장당 천원의 가격으로 복권점이나 일부 편의점 혹은 버스정류소에 있는 매점에서 판매를 하고 있다.

로또는 1~45에 속하는 숫자 중 6개를 정확히 맞춘 사람이 1등 상금을 가져가며, 일치하는 숫자가 적을수록 2~5등이 가려진다. 1등의 상금은 매회 다르나 보통 10~20억의 실수령액을 가져가는 것으로 알려져 있다.

연금복권은 당첨금을 연금의 형식으로 받을 수 있는 것이 특징이다.

즉석복권은 당첨여부를 그 자리에서 알 수 있다. 동전을 긁는 재미는 보너스이다.

<u>복권 당첨금 수익 수익표</u>

수시 근로	설명	기대수익	현재수익	비고
1				
2				
3				
4				
5				
6				
7				
8				
9				
10				

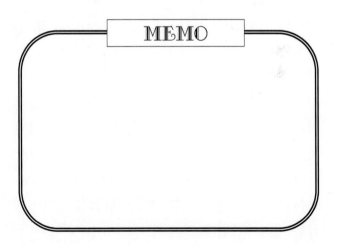

MEMO

12. 글쓰기 수익

글쓰기 수익은 글쓰기 활동을 통해 수입을 올리는 것을 말한다.

글쓰기 수익을 올리려면 글쓰기가 본인의 적성과 어느 정도 맞아야 오래 지속될 수 있다. 글쓰기를 좋아하는 사람에겐 글도 쓰면서 돈도 벌 수 있으니 나름 괜찮은 부업일 수 있다.

글을 써야할 글감은 업체를 통해 얻을 수 있는데, 거의 PC로 글을 쓰게 된다. 글의 주제는 대체로 상품 홍보글 혹은 후기를 쓰는 경우가 상당수이다.

글쓰기를 별로 안 좋아하는 분들은 진입이 어려울 수 있는데, 자꾸 쓰다보면 익숙해져서 글을 완성하는 속도가 빨라진다. 그래도 싫다면 다른 부업을 찾으면 된다. 부업의 종류는 많으니 적성에 안 맞는 부업을 굳이 고집할 필요는 없다.

글쓰기 수익표

수시 근로	설명	기대수익	현재수익	비고
1				
2				
3				
4				
5				
6				
7				
8				
9				
10				

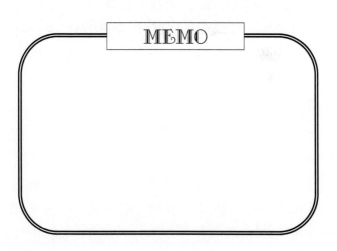

MEMO

13. 게임수익

게임수익은 게임을 통해 수입을 올리는 것을 말한다.

게임을 좋아하는 분들에겐 아주 괜찮은 방법이라 할 수 있다.

예전에도 리니지 등의 게임에서 캐릭터의 레벨을 올리고 무기의 등급을 올려 귀한 아이템으로 성장시켜 다른 유저에게 판매를 하는 등의 수익구조가 존재하였다.

지금은 그러한 보편적인 구조에서 광고사가 개입을 하여 광고수익금을 유저에게 배분하는 방식이 일반적인 게임수익 방식이 되었다.

하지만 이런 식의 지금의 게임 수익구조는 사실 큰 돈은 되지 않는다. 하지만 어차피 게임을 좋아하는 분들에겐 게임을 하면서, 소액의 돈을 벌 수 있다는 점에선 큰 장점이라 할 수 있다.

게임 수익표

수시 근로	설명	기대수익	현재수익	비고
1				
2				
3				
4				
5				
6				
7				
8				
9				
10				

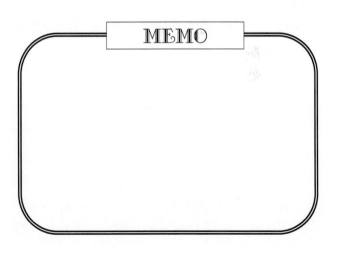

MEMO

14. 환테크 수익

환테크 수익은 경제적 가치가 있는 물건을 교환하여 시세차익을 누리는 수입활동을 말한다.

환테크를 하며 수익을 얻을 수 있는 이유는 같은 상품이더라도 상황에 따라 상품의 가치성이 달라지기 때문이다. 상품의 가격은 장소와 시간과 사람 등의 이유로 달라질 수 있다.

환테크 수익에는 여러 가지가 있다. 대표적인 환테크는 다음과 같다.

1. 컬쳐랜드, 해피머니 상품권 교환 수익
2. 테마파트, 공연 입장권 교환 수익
3. 해외직구 상품 판매 수익
4. 한정판 상품 교환 수익
5. 기념주화, 기념화폐, 기념우표 판매 수익

환테크 수익표

수시 근로	설명	기대수익	현재수익	비고
1				
2				
3				
4				
5				
6				
7				
8				
9				
10				

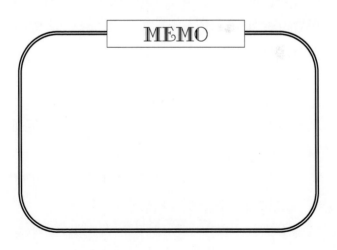

MEMO

15. 데이터라벨링 수익

데이터라벨링 수익은 최근에 각광받고 있는 수익채널이다. 데이터라벨링의 사전적 의미를 인용해본다면 데이터라베링은 인공지능 알고리즘의 고도화를 위해 AI가 스스로 학습할 수 있는 형태로 데이터를 가공하는 작업을 일컫는다. 사진이나 동영상 등에 등장하는 동물, 사물 등 모든 것에 라벨을 달아 AI에 주입하면 AI는 이를 바탕으로 데이터들을 학습하면서 유사한 이미지를 인식할 수 있게 된다.

[[네이버 지식백과] 데이터 라벨링 (시사상식사전, pmg 지식엔진연구소) 인용함]]

데이터라벨링으로 돈을 버는 방법은 데이터라벨링에 관한 일거리를 중개해주는 업체를 통해 돈을 버는 것이 일반적이다. 대표적인 업체로는 클라우드웍스가 있다.

데이터라벨링 수익표

수시 근로	설명	기대수익	현재수익	비고
1				
2				
3				
4				
5				
6				
7				
8				
9				
10				

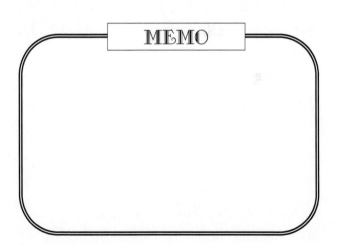

MEMO

16. 보조금 수익

보조금 수익은 보조금을 통해 얻는 수익을 말한다. 보조금은 국가에서 주는 보조금과 지자체에서 주는 보조금, 그리고 기관에서 주는 보조금이 있다. 그리고 보조금은 전 대상자에게 모두 주는 보조금이 있고, 조건을 갖추어야 지급하는 보조금이 있다.

보조금을 부업 수익에 넣는 것에는 약간의 고민이 있었지만, 부업 수익이라는 기준을 넓게 해석해 보면 주수입외의 모든 수익금을 부업 수익이라고 했을 때 보조금 수익도 결국 부가 수익이라는 개념으로 해석하여 포함시켰다.

보조금 수혜조건이 안 맞는다고 조건을 인위적으로 맞출 필요는 없다. 하지만 조건이 된다면 받을 수 있는 정보력은 있어야 한다.

조건이 되는데 몰라서 못 받는 것만큼 아쉬운 것은 없다.

보조금 수익표

수시 근로	설명	기대수익	현재수익	비고
1				
2				
3				
4				
5				
6				
7				
8				
9				
10				

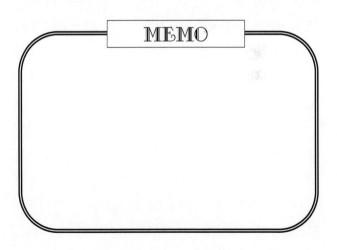

MEMO

17. 경매 수익

경매 수익은 경매를 통해 얻는 수익을 말한다.

연일 TV나 신문 등의 매체에서 경매에 대한 뉴스가 보도되고 있다.

경매의 단점은 경매에서 수익을 올리려면 경매에 대해 어느 정도 공부가 필요하다는 점이다. 그 공부가 1년이 걸릴 수 있고, 2년 이상 걸릴 수도 있다. 하지만 완전히 터득하고 경매에 달려드는 것보다는 기초를 다진 후에 소액으로 실전 경매를 하며 감을 익혀가며, 공부와 실전을 병행하는 것이 더 나은 선택이 될 수 있다.

경매는 부동산뿐 아니라 자동차, 핸드폰 등 다양한 상품이 존재한다. 물론 관심의 대상은 부동산이 될 수밖에 없다. 수익의 크기에서 차이가 나기 때문이다. 물론 투입 비용도 부동산이 높다.

경매 수익표

수시 근로	설명	기대수익	현재수익	비고
1				
2				
3				
4				
5				
6				
7				
8				
9				
10				

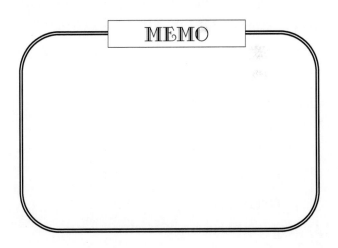

MEMO

18. 강의 수익

강의 수익은 강의활동을 통해 얻는 수익을 말한다.

강의를 한다고 해서 대단한 자격 조건을 갖추어야 하는 것은 아니다.

꼭 그 분야의 전문가가 아니더라도, 수강생보다 조금이라도 더 많은 지식을 갖고 있다면 강단에 설 수 있다. 예전가 달리 수많은 아마추어 강사들이 다양한 강단에 서고 있다. 모바일 시대가 되면서, 기회의 폭이 넓어진 것이다. 예전보다 지식의 분야가 다양해져서 강의를 할 수 있는 가능성과 폭이 크고 넓어졌다.

강의의 종류로는 다음과 같이 분류된다.
1. 기업 강의
2. 학원 강의
3. 문화센터강의
4. 일일강의

<u>강의 수익표</u>

수시 근로	설명	기대수익	현재수익	비고
1				
2				
3				
4				
5				
6				
7				
8				
9				
10				

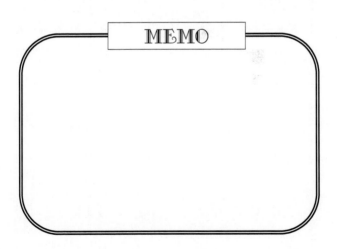

MEMO

19. 출판 수익

출판 수익은 출판활동을 통해 수입을 올리는 것을 말한다. 출판 수익의 단점은 출판까지 가는데 시간과 노력이 많이 든다는 점이다. 하지만 출판된 책이 세상에 유통되면 더 이상 출판에 대해 큰 노력을 하지 않아도, 연금처럼 들어오는 자동수익이 생기게 된다는 점이 다른 부업들과 비교해볼 때 가장 큰 메리트이다.

꼭 등단을 하거나 인기 작가가 되어야 출판 수익을 낼 수 있는 것은 아니다. 꾸준히 글을 쓰고 홍보를 한다면 소액이라도 출판 수익을 가져갈 수 있다.

우리의 목표는 한 분야의 대박보다는 부업의 폭을 넓혀서 소액이라도 다양한 수익구조를 구축하는 것이다. 이러한 소액이 합쳐질 때 주업의 수익보다 높아질 수 있다.

출판 수익표

수시 근로	설명	기대수익	현재수익	비고
1				
2				
3				
4				
5				
6				
7				
8				
9				
10				

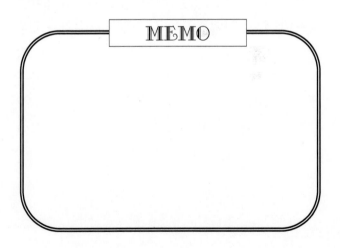

MEMO

20. 기타

지금까지 다양한 부업에 대해 살펴보았다. 하지만 필자가 언급하지 않은 부업들이 세상에는 많이 존재한다.

이러한 부업들 중에 본인의 상황에 잘 맞는 부업을 선택하여 추가적인 부수입을 가져간다면 보다 더 효율적인 경제생활이 될 것이다.

우리의 목표는 한 가지 부업에 집착하는 것보다는 소액이라도 여러 가지 수익구조를 만드는데 있다. 그리고 이러한 소액들이 합쳐져 목돈이 될 수 있다. 부업의 수익구조를 계속 업그레이드 시켜 탄탄한 수익 구조를 구축해 나가는 것이 성공적인 N잡러의 길이라 할 수 있다.

기타 수익표

수시 근로	설명	기대수익	현재수익	비고
1				
2				
3				
4				
5				
6				
7				
8				
9				
10				

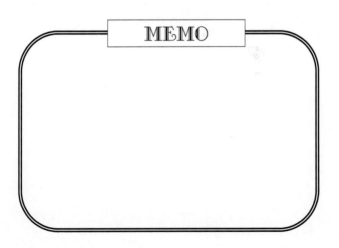

MEMO

웃음이 없는 하루는 버린 하루다.
- 찰리 채플린

부록

오늘 할 수 있는 일을 내일로 미루지 마라.
- 벤자민 프랭클린

부록1 수입시트지

수입시트지

	부업	목표 수입	현재 수입	비고
1				
2				
3				
4				
5				
6				
7				
8				
9				
10				

	부업	목표 수입	현재 수입	비고
11				
12				
13				
14				
15				
16				
17				
18				
19				
20				

수입시트지

	부업	목표 수입	현재 수입	비고
1				
2				
3				
4				
5				
6				
7				
8				
9				
10				

	부업	목표 수입	현재 수입	비고
11				
12				
13				
14				
15				
16				
17				
18				
19				
20				

수입시트지

	부업	목표 수입	현재 수입	비고
1				
2				
3				
4				
5				
6				
7				
8				
9				
10				

	부업	목표 수입	현재 수입	비고
11				
12				
13				
14				
15				
16				
17				
18				
19				
20				

수입시트지

	부업	목표 수입	현재 수입	비고
1				
2				
3				
4				
5				
6				
7				
8				
9				
10				

	부업	목표 수입	현재 수입	비고
11				
12				
13				
14				
15				
16				
17				
18				
19				
20				

수입시트지

	부업	목표 수입	현재 수입	비고
1				
2				
3				
4				
5				
6				
7				
8				
9				
10				

	부업	목표 수입	현재 수입	비고
11				
12				
13				
14				
15				
16				
17				
18				
19				
20				

수입시트지

	부업	목표 수입	현재 수입	비고
1				
2				
3				
4				
5				
6				
7				
8				
9				
10				

	부업	목표 수입	현재 수입	비고
11				
12				
13				
14				
15				
16				
17				
18				
19				
20				

수입시트지

	부업	목표 수입	현재 수입	비고
1				
2				
3				
4				
5				
6				
7				
8				
9				
10				

	부업	목표 수입	현재 수입	비고
11				
12				
13				
14				
15				
16				
17				
18				
19				
20				

수입시트지

	부업	목표 수입	현재 수입	비고
1				
2				
3				
4				
5				
6				
7				
8				
9				
10				

	부업	목표 수입	현재 수입	비고
11				
12				
13				
14				
15				
16				
17				
18				
19				
20				

수입시트지

	부업	목표 수입	현재 수입	비고
1				
2				
3				
4				
5				
6				
7				
8				
9				
10				

	부업	목표 수입	현재 수입	비고
11				
12				
13				
14				
15				
16				
17				
18				
19				
20				

수입시트지

	부업	목표 수입	현재 수입	비고
1				
2				
3				
4				
5				
6				
7				
8				
9				
10				

	부업	목표 수입	현재 수입	비고
11				
12				
13				
14				
15				
16				
17				
18				
19				
20				

수입시트지

	부업	목표 수입	현재 수입	비고
1				
2				
3				
4				
5				
6				
7				
8				
9				
10				

	부업	목표 수입	현재 수입	비고
11				
12				
13				
14				
15				
16				
17				
18				
19				
20				

수입시트지

	부업	목표 수입	현재 수입	비고
1				
2				
3				
4				
5				
6				
7				
8				
9				
10				

	부업	목표 수입	현재 수입	비고
11				
12				
13				
14				
15				
16				
17				
18				
19				
20				

<u>수입시트지</u>

	부업	목표 수입	현재 수입	비고
1				
2				
3				
4				
5				
6				
7				
8				
9				
10				

	부업	목표 수입	현재 수입	비고
11				
12				
13				
14				
15				
16				
17				
18				
19				
20				

부록2 명언 모음

위대한 것을 이루려면 우리는 행동할 뿐
아니라 꿈도 꾸어야 하고, 계획할 뿐 아니라
믿기도해야 한다. - 아나톨 프랑스

1. 누구나 오래 살기를 바란다. 그러나 누구를 막론하고 나이는 먹기 싫어한다.
- 스위프트

2. '젊게 보입니다.' 하는 말은 늙었다는 증거이다.
- 어빙

3. 40세가 지난 인간은 자신의 얼굴에 책임을 져야 한다.
- 링컨

4. 내 비장의 무기는 아직 손 안에 있다. 그것은 희망이다.
- 나폴레옹

5. 행복하기 위해서는 두 가지 길이 있다. 욕망을 줄이든가, 가지고 싶은 것을 더 가지면 된다. 그 어느 편도 좋다.
- 프랭클린

6. 대문자만으로 인쇄된 책은 읽기 어렵다. 일요일뿐인 인생도 마찬가지다.
- 장 파울

7. 역경은 사람을 부유하게 하지는 않으나 지혜롭게 한다.
- 풀러

8. 눈물을 흘리면서 빵을 먹어보지 못한 사람은 인생의 참맛을 알 수 없다.
- 괴테

9. 인간의 역사에는 행복한 철학자가 있었다는 기록은 남아 있지 않다.
- 멘켄

10. 격렬한 말은 이유가 박약하다는 것을 증명하고 있는 것이다.
- 위고

11. 어떤 일이건 60분을 계속 생각하면
결국 도달하는 것은 혼란과 불행이다.
- 제임스 사버

12. 모든 사람들을 좋게 말하는 인간은 신뢰하지 말라.
- 코린즈

13. 재능과 천재와의 차이는 석공과 조각가와의 차이와 같다.

14. 화가 날 때 웃을 수 있는 사람은 조심하라.
- 서양 속담

15. 위인은 독수리와 같다. 그러므로 그의 둥지를
높고 고독한 곳에 만든다.
- 셰익스피어

16. 우리가 태어나는 방법은 단 한 가지,
그러나 죽음의 방법에는 여러 가지가 있다.
- 유고슬라비아 속담

17. 한 명의 죽음은 비극이요, 백만 명의 죽음은 통
계이다.
- 스탈린

18. 개미처럼 멋진 설교를 하는 것은 없다. 그러면서
도 한마디도 말을 하지 않는다.
- 프랭클린

19. 도박을 즐기는 모든 인간은, 불확실한 것을 얻기
위해서 확실한 것을 걸고 내기를 한다.
- 파스칼

20. 여행은 사람의 마음을 관대하게 한다.
- 디즈레일리

21. 의문이 많으면 많이 나아가고 의문이 적으면 적게 나아간다.
그리고 아무 의문도 없으면 전혀 나아가지 못한다.
- 주희

22. 단지 도착하기 위한 여행이 불쌍한 여행이라면 책의 결론만을 알고자 할 때 그것이 바로 가련한 독서이다. - 콜튼

23. 일단 문학의 가려움병이 사람에게 생기면, 펜으로 긁어주는 것 이외에는 치료할 수 있는 것이 없다.
- 러버

24. 먼저 가장 좋은 책을 읽어라. 그렇지 않으면 전혀 그것을 읽을 기회가 없을지도 모를 테니.
- 솔로

25. 쓰여진 모든 것 중에서 나는 오직 저자가 그의 피로 쓴 것만을 사랑한다.
- 니체

26. 바보는 방황하고, 현명한 사람은 여행한다.
- 풀러

27. 예술을 위한 예술도 아름답지만 발전을 위한 예술은
더욱 가치가 있다.
- 위고

28. 자기 자신을 위해서는 박하게 대하는 것을 검소하다고 하며,
남에게 봉사하는 것이 박한 사람을 인색하다고 한다.
- 가이바라 에켄

29. 사용되는 열쇠는 항상 빛난다.
- 프랭클린

30. 의심스러운 사람은 쓰지 말고, 사람을 썼거든 의심하지 말라.
- 명심보감

31. 짖지 않는 개와 잔잔한 물을 조심하라.
- 라틴 격언

32. 나의 성공은 나의 근면함에 있었다. 나는 평생 동안 단 한 조각의 빵도 결코 앉아서 먹지 않았다.
- 웹스터

33. 가장 향기로운 향수는 언제나 가장 작은 병에 담겨 있다.
- 드라이든

34. 일이 즐거우면 인생은 낙원이다.
일이 의무에 불과하면 인생은 지옥이다.
- 고리키

35. 잔잔한 바다는 결코 유능한 항해사를 만든 적이 없다.

36. 바쁜 사람은 눈물을 흘릴 시간이 없다.
- 바이런

37. 성공을 뽐내는 것은 위험하다.
그러나 실패에 함구하는 것은 더 위험하다.
- 케네

38. 운명은 용기 있는 자 앞에 약하고 비겁한 자 앞
에는 강하다.

39. 근심 걱정을 치료하는 데는 위스키보다 일이 낫
다.
- 에디슨

40. 세상에서 가장 용감한 광경은 불리한 여건과 싸
우는 사람이다.
- 레인

41. 나이가 성숙을 보장하지는 않는다.
- 라와나 블랙웰

42. 내가 논쟁을 싫어하는 이유는 항상 토론을 방해하기 때문이다.
- G.K.체스터튼

43. 지나침은 모자람만 못하다.
- 공자

44. 비밀은 셋 중 둘이 죽었을 때만 지킬 수 있다.
- 벤자민 프랭클린

45. 자식 키우기란 자녀에게 삶의 기술을 가르치는 것이다.
- 일레인 헤프너

46. 침묵은 그 어떤 노래보다 더 음악적이다.
- 펄 벅

47. 나는 평생 하루라도 일을 하지 않았다. 그것은 모두 재미있는 놀이였다.
- 토마스 A. 에디슨

48. 죄의식을 동반한 즐거움이 가져다주는 기쁨은 짧다.
- 에우리피데스

49. 읽다 죽어도 멋져 보일 책을 항상 읽어라.
- P. J. 오루크

50. 한 문장이라도 매일 조금씩 읽기로 결심하라.
하루 15분씩 시간을 내면 연말에는 많은 변화가 느껴질 것이다.
- 호러스 맨

부록3 메모장

동기 부여가 당신을 시작하게 한다. 습관이
당신을 계속 움직이게 한다. - 짐 륜

MEMO

MEMO

MEMO

MEMO

MEMO

MEMO

[맺음말]

오늘날 부업에 뛰어드는 사람들이 너무 많다는 점에서 필자는 안타까움을 느낀다. 하지만 현실을 부정하지 말고 있는 그대로 받아들일 필요가 있다. 현실을 인정하고 해결책을 찾는점에서 부업 알아보기도 하나의 해결책을 찾는 자세라고 생각한다. 이 책은 그런 자세를 가진 사람에게 유용한 서적이 될 것이다. 이 책은 1.0 버전으로 미흡한 점이 많겠지만, 세상의 부업들이 업데이트 되듯이, 이 책 또한 업그레이드되어 다시 한번 여러분을 찾아갈 것이다. 부디 이 책을 디딤돌 삼아 독자 여러분들이 경제적인 성공을 이루길 바란다.

작가 소개 및 출판 예정 도서

[작가 권민석]

전직 공무원 출신으로 공무원 강사로 활동 중이다. 공무원 수험서, 자기계발서, 부동산, 경제, 스포츠, 유머, 잡학 등 다양한 분야의 서적을 집필하고 있다.

[출판 예정 도서]

1. 부동산의 미래
2. 원룸 운영 매뉴얼
3. 사업과 근로의 성공적인 병행
4. 틈틈이 읽는 잡학사전
5. 민법 및 민사특별법 문제집